Die LYRIKEDITION 2000, begründet von
Heinz Ludwig Arnold, wird von Norbert Hummelt
herausgegeben

Das Buch

Florian Voß' Gedichte sind noch melancholischer und dunkler geworden, doch dabei selten traurig. Sie tragen Altes und Neues zusammen und suchen nach unsterblichen Momenten. Stillstand und Beschaulichkeit werden dabei vermieden. Ein ganzes Kapitel widmet sich »Neukölln«, dem Berliner Stadtviertel, in dem der Autor seit einiger Zeit wohnt und das zu den raueren Gegenden zählt. Dort hält die Moderne in Form von simsenden Mädchen Einzug in sonst auch an die Romantik angelehnte Texte. Das Leben wird gefeiert in Gedichten wie »Afterhours«, das der Kollegin Monika Rinck gewidmet ist. Auch der Traum vom großen Frieden in der Natur findet sich in diesem Band, der trotz seiner Unerfüllbarkeit nicht geleugnet wird. Florian Voß hat mit seinem »Schattenbildwerfer« einen ganz großen Text-Speicher angelegt, der sich auf vielfache Weise öffnen lässt.

Der Autor

Florian Voß, geboren 1970 in Lüneburg, brach 1986 die schulische Ausbildung ab und war in den folgenden Jahren u.a. als Filmvorführer und Kellner tätig. 1990 zog er nach Berlin und arbeitete dort u.a. als Werbetexter, Kunstkritiker, Filmplakatmaler und Barkeeper. Zu dem war Redakteur in der Literaturwerkstatt Berlin und im Literaturhaus Berlin. Er veröffentlichte in Zeitschriften und Anthologien (u.a. »EDIT«, »ndl«, »lyrik von jetzt«, »Jahrbuch der Lyrik«). 2001 erhielt er das Arbeitsstipendium des Berliner Senats für Literatur und 2007 das Aufenthaltsstipendium im Künstlerdorf Schöppingen. In der Lyrikedition 2000 erschien 2005 sein Gedichtband »Das Rauschen am Ende des Farbfilms«.

Florian Voß

Schattenbildwerfer

Gedichte

LYRIK
EDITION
2000

Weitere Informationen über den Verlag und sein Programm unter:
www.lyrikedition-2000.de

Gefördert von Books on Demand, Norderstedt

Bibliographische Information der Deutschen Bibliothek

Die Deutsche Bibliothek verzeichnet diese Publikation in der Deutschen Nationalbibliographie; detaillierte bibliographische Daten sind im Internet über <http://dnb.ddb.de> abrufbar.

Für Maarten Voß

© 2007 Buch&media GmbH/LYRIKEDITION 2000
Umschlaggestaltung: Buch&media GmbH, München
Herstellung: Books on Demand GmbH, Norderstedt
Printed in Germany
ISBN 978-3-86520-259-8

1. Fernschreiber

LICHTBILDER

I

Zack Zack gezacktes Vaterbild
das zeigt die Nachkriegswelt
in einem Krähensommer
Der Vater ist so klein auf diesem Bild
man könnte ihn zerquetschen
Da kriecht auch schon die Mutter
von links ins Schwarz-Weiß-Grau
Und da bin ich ins Bild gestellt:
Ein weiches Fleisch / Ein Kindergrieß / Ein Brei
Ein Lebkuchkörper-Jahrmarktsplatz
Und diese Achterbahnenfahrt
durch die Bildschleifen des Körpers
Dies Kinderlachen von den Mutterhänden
auf zweifach Kopfbreite gedehnt

II

Auf nach Legoland
da ist das Haus aus Fleischbausteinen
die Lumpenpuppen hautstreifengestärkt
Dein Schlund ist dort ein Abflussrohr
gefüllt mit Schweineborsten / Rindertalg
Das Lagerfeuer knistert auch gar lustig dort
und die Gitarren schnarren leis

SCHNAPPSCHUSS

Und aus dem Topf in der Küche
dünstet die Kindheit herüber:
Linsen mit gehackten Kindergärtnern

PIRATEN

Goldringe vergruben wir
in den Blumenkübeln der Kleinstadt
Wir waren Fußgängerzonen-Piraten
mit den Händen zwischen Stiefmütterchen
Aus Mutters Schmuckschatulle hatten wir
nur ganz ganz dünnes Blech gestohlen

Um halbsechs war das Abendbrot
da gab es Sandkuchen und Schnaps
(Goldumhäkelt war der Abendrand)
Wir waren abgebrühte Diebesbande
auf dem Weg ins Lotterbett
Die *Enge Straße* wurde enger vor dem Fenster
Die Tagesthemen säuselten durch dünne Türen
die atomaren Gutenacht-Geschichten
Die alte Axt lag unterm Bett

Am nächsten Morgen war der Himmel
armageddonmäßig ausgeleuchtet
ein Ölschlierbild aus einer Wäscheschleuder
in Giftgrün und in Zyan und in dem
schönsten Bittermandelgelb
von durchgedrehten Hippiemädchen
zusammengeschmiert auf Gottes Flohmarkt
(dieser ultrabunte Himmel)
Letztlich dann verramscht
am Sonntagmorgen als ER ruhte

Im Eiscreme-Automaten
tickten zwanzig Geigerzähler
Im Grundigradio zur Mittagszeit
rasselten die Sturmgewehre

FIEBER

Leicht ist es nicht am frühen Abend
wenn die Sonne auf dem Schreibtisch
schwer liegt – ein ausgegossener Kübel
gelbgetönter Rauverputz

Leicht war es nicht das Gelb zu tragen
das in Kindertagen durch das Fenster fiel
und sich aufspeicherte in den Augen
Davor die Schattenrisse meiner Eltern
große Menschen ganz aus Nacht gemacht

Und Nacht war auch neben den Augen
im Schlafraum meiner Schläfen
mein Kopf gefüllt mit Fieber
gespickt mit Fieberstern-Gegriesel

Ich seh noch heut die kalten Krankheitsströme
unter der Haut der Hände leicht pulsieren
in blauumschlossnen Adern
Und neben meinen Händen fließt
ein Sonnenstrahl in Richtung Brust

Tulpen und Aseptikum

I

Mein Vater verblüht schneller als
die Tulpen auf seinem Tisch
Sein eigener Grabschmuck ist er
bleich und trocken

Und im Traum bin ich auf
einer Nordpol-Insel gefahren:
eine Fähre aus weiß lackiertem Stahl
Mit Sälen groß wie Grotten
mit dunklen Wäldern im Unterdeck

Mein Vater versinkt im Küchentisch
in den Wasserspiegel des Holzes
hat er seinen Ellbogen gestützt
Sein mageres Gesicht fließt
an seiner Hand hinab zum Holz:
ein Wasserfall aus Fleisch

II

Das Sterben ist am Vater
Der Vater bläht sich in das Sterben
Noch stirbt er nicht der Vater
doch die Leber ist mit Blut gefüllt
und Würste kann er nicht mehr essen
Der Vater hat ein Viertel Wein
das würgt er mit dem Blick
damit es ihn nicht würgen kann
Der Wein steht auf dem Tisch
geräuchert ist die Lunge
ins Kraut schießt bald der Tod
und pafft sich durch den Filter

Das Sterben ist am Vater
Sein Zweitgesicht entblößt
die dritten Zähne – im Bad
steht noch ein Wasserglas
mit rosa Zahnfleischfetzen drin
Im Vater riecht das Leben süßlich
süßlich hängt die Luft
im Geviert der Wände
Von Kerzen will er nicht mehr sprechen
und auch von Blumen wird ihm nicht
gesprochen werden hier am Rand
Die Nüstern blähen sich zum Duft
der alten Tulpen – bernsteinfarben
sind sie nicht – der Sommer hustet
Der Staub liegt in den Ecken
bald wird er *ausgekehret*
Die alte Frau im Stockwerk drunter
dreht langsam ihren Fernseher laut
ihr Hund verliert die Haare
Die Bodendielen zittern schon
vom dumpfen Klang der Tagesschau

für Reinhold Voß, 1938–2006

2. Albdruckschrift

KRANKHEIT

Verbrechen war ja schon
Sensation in der Kleinstadt
Jetzt ist das *Ich* in der Großstadt
und es steht auf dem Alexanderplatz
am Anfang der Stalinallee
und steigt in den *Volkswagen*

In einer 3000-Watt-Nacht fahr ich
die Stalinallee nach Warszawa
und schieß mit den Fingern
die V-10-Laserstrahlen
immer rein in das Dickicht
immer zwischen die Bäume
da wo die Silhouetten zucken

ALBDRUCK

Der deutsche Himmel ist aus Puffreis
dahinter lauern Nazi-Engel

Die Rothaarigen sind immer schuld
In jeder Kneipe steht ein Elektronenhirn

errechnet jedes Mannes Chancen
noch heute in den Himmel aufzufahren

Dort wartet dann des Führers Braut
verteilt Coupons für Zahnhalsfäule

VOLKSLIED

Am Brunnen vor dem Tore
vor der Kaserne
steht eine Tribüne
Die Fahne hoch
die Schellenkappe auf
Die Reihen fest geschlossen
ihr lieben Volksgenossen
und immer um den Lindenbaum

BREAKDANCE

Den Smurf will ich tanzen
auf dem Grabe Friedrich Nietzsches
Mit der Handkante will ich
den Robot auf die Grabsteinplatte hämmern
und mich dann auf dem Rücken drehen
Kung-Fu-Musik im Ohr

Den Smurf will ich tanzen
auf den Ruinen unsrer Reichskanzlei
Will das weiße Sakko schwenken
auf dem Dach des ICC's
Und niemals wieder stille stehen
im Herzen Disco '82

In der Grube

Mit abgeblättertem Gesicht aus Schiefer gemacht
steht der Mann im Lehm / in der Grube steht er
Und der Himmel darüber ein zerschlagenes Meer
ein splitterndes spitziges weißgraues Puzzle

Und ich geh in das Brachland hinter der Grube
eine Handvoll Schwarzstahlgestrüpp jeder Baum
Und der Himmel darüber ein zerrissenes Fell
ein raschelndes rauschendes Pelzhaargewebe

3. Sommerbrand

BRANDUNG

Ich stehe im Sommer
und inhaliere die Vögel
Meine Lunge ist groß
Der Brustkorb des Himmels
ist mächtig und gelb
von Sonne und wachsweicher
Zeit – die Wespen summen
in meinen Ohrmuscheln sanft
Die Brandung des Himmels
Und Wolken reglos
in den Hemisphären
meiner seegrünen Augen

MORGENANDACHT

Dieser Geschmack auf der Zunge
nachdem du die U-Bahn verlassen hast
(diese Fahrt dieses Neon die Nerven)
Und dann am Morgen entlang
Der Himmel hat seine schwarzen Bänder
gelöst von den Stufen der Nacht

Dieser verschossene Tag
Der Himmel ist eine Palette
falsch gemischter Farben

Und dieser Geschmack auf der Zunge
Diese Sehnsucht nach Brot
nach einem warmen Stück Weißbrot
belegt mit einer dünnen Schicht Nacht
schwarz und glänzend und süß

FELDWEG

Nicht durch den Wald
durch die Felder
zwischen den Zikaden
auf dem Sand
zwischen den Kieseln
So weit das Land
mit schnurgeraden
Ackerfurchen
Ackerwegen
abgeschritten seit der Bronze
von den Bauern
Und der Wind
zwischen dem Weizen
Was kriecht
in den Feldern
Wie viele Zikaden
in meinen Ohren
Und diese Blumen
und Pflanzen
Das Gestrüpp
kenne ich nur
aus den alten Büchern
gelesen in den gläsernen
Bibliotheken
Doch wer erinnert
sich schon
Die Sonne greift in die Felder

Regloses Warten

So müde die Arme / So müde die Beine
Den Blick aus dem Fenster gerichtet
und durch den Himmel hindurch
Dahinter der Mond der wartet
auf dunklere Spätnachmittage

Das lichte Grün der Blätter
an den Bäumen hübsch bemalt
von des Spätsommers faltiger Hand

Und die Kanten der Blätter
so präzise geschnitten in
das Blau des reglosen Himmels

Dahinter der Mond der wartet
aber wer wartet hier schon
auf den Mond der nie
die Fragen beantwortet der nie
meine Fragen beantwortet hat

SILBER

Der Strand ist aus reinem
Silber geschlagen

die schwarzen Krähen
in die Dünen gepunzt

Aluminiumglanz der Sonne
(und das weiße Rauschen)

Das Eispapier / Das Sandpapier
Das Silber in den Wellen

Und hinter dem Silber
ein Winter voll Worte

4. Kältekammer

Dunst & Glast

Herbst ist worden
regentrinkend mild
die kühle Bläss
der Wolken in die
Herzen eingefahren
Verblasst des letzten
Sommers Schaubild

Herbst ist worden
zwischen nassen
Schieferhäuten
zwischen Sonn
durchreiften Menschen
auf den Gleisen
gleißend hell
im Schlagbeil-Licht

EISKRISTALLE

Plötzlich fand ich mich im Winter wieder
wieder fand ich mich im Winter jetzt
Das Leben war zu laut
die Decke dämmte nicht
die Schneedecke der Straßen
hielt nicht lange das
Gerede all der Tage
gedrückt in den Asphalt
Und in den Sternen / Eiskristallen
war die Rede aufgehoben
Wispern kalten Lebens stieg
herab zum Ohr
und sagte mir: Vorbei
sind Frühling Sommer Herbst
Und eine Frau wandte den Kopf
die Sonne rot im Haar

ZWÖLF SCHWARZE FADEN TIEF

Es wird ein langer Winter
Die Nacht zieht dunkle Fäden
Zwölf schwarze Faden tief
ziehn die trüben Tage
unterm Wellenkamm der Nacht

Es wird ein langer Winter
Die Leinensäcke mit dem Eis
liegen in den Kellern dicht beisammen
die aschegrauen Spinnen harren
in den kalten Ecken

ALL HOLLOWS EVE

Die Koffer und die Kisten
gepackt mit alten Tagen
gezählt und abgewogen
Und draußen vor den Fenstern
die Nacht in vielen Teilen
zerschnitten und gefärbt
mit blauen Durchschlagbögen

Die Lebenden / Die Toten
verharren eng beisammen
und was sie trennt ist weiter
nichts als große Kälte
und dünne Schichten Nacht

FROST 1

Eine Kaltlicht-Imitation
aus Doktor Oetkers Kühlhalteparadies
ist diese zuckersüße Eiscreme-Welt
Und die schneeüberpuderten Bäume
in den Straßen stehen so verlogen da

Mein Kopf ein Wintergarten
Und draußen erfrieren die Tauben
Gefrorene Hähnchen in Cellophan
fliegen über den Bäumen
Mich soll der Schlaf treffen

FROST II

In meinen Adern Frostschutzmittel
und die Wohnung so kalt
Der Winter krümmt sich
um die Stadt und drückt zu
Draußen vor den Fenstern
die Bäume so zartgliedrig
mit knisternden Blättern
die brechen zu eisüberkrusteten
Stückchen und rieseln zum
frostigen Boden rieseln sie lange
Unter der Hochbahn liegt die Luft
in klaren kalten Quadern

Frost III

Den Sternenhimmel
will ich stottern
in meine Nacht hinein
In die Dunkelheit
des Knochenmarks
soll mir das Eis
der Sterne schock
gefrostet sein

Gefrorenes Wasser

Regendraht und Nebelflecken
verwaschene Struktur
Nebelkelche regenwassergefüllt
Das Fallen der Tropfen
falbfahle Fahrt
Rostlicht – Regenlicht
In den Dunst gedrängt
der nahende Winter
Eis im Mund / Schnee
im Weißbruch-Gedächtnis
Nachtgrau: Die Elbe
Elfenwasser gen Engeland
wässriges wellendes Albland
Die Erinnerung zwischen den Minen
am Elbufer der Eisbruch
das Brucheis im Halbgrau
Die gefrorenen Barkassen
unter dumpfem Himmel
Notlicht – Lichtausschank:
Am Ufer das Bier kalt
in der Erinnerung
der Mund trinkt Licht
Am Licht der Erinnerung
vorbei fortfallend
unter Regen / Graupeln / Grieseln
Rotes Licht – Rostige Nacht

für Thomas Rosenlöcher

5. Nachtjackenviertel

NEUKÖLLN I

Alle haben sie
mobile Telefone
die Datentöne
und das Feuer
in den Kopfrelais
Ich liebe dich
sagt eine SMS
sonst sagt niemand was
Die Mädchen wissen dass
es ihnen wichtig ist hier
Spaß zu haben heutzutage
Auf den Displays blinken
Hymnen aus
dem digitalen Psalter
Die Mädchen haben
Kopfschrittmacher
Sie schreien dass es ihnen
ziemlich gut gefällt

Neukölln II

Aus dem Haus gegenüber
saugt der Großbildschirm
den Himmel in die LCD-Kristalle
bis ein tiefes Schwarz dort hängt
Die Vögel spießen sich auf die Spitzen
der Antennen die ruhig und kalt
vorm Weltall glitzern
In den Wohnungen haben Menschen
Bier und Wein und Satellitenschüsseln
in den Leibern – sie funken nächtelang
Befehle an den Mandelkern
Ich steh am Fenster und löffel
Druckerschwärze in den Kopf
Gut wird es erst im Morgenmagazin

NEUKÖLLN III

Bezirk der tintenblauen Tätowierungen
an jedem zweiten Mann mit Hassfingern
an fetten Frauen die die Herzen tragen
auf biergebleichten Oberarmen
Auf Abwegen flanieren Claudia Schiffers
minderjährige Cousinen
Am Rande spielen Gameboys mit Revolvern
an Häuserecken schießen sie sich tot
kleine Jungens – schweigend freudlos
Eckkneipen husten alte Kunden aus
die Männer wanken still im Sonnenlicht

Neukölln IV

Gebettet in Lärm
umzingelt von müden Verbrechern
überblickt von stickigen Speichern
auf kalten Gründerzeitbauten
liegt inmitten des Ghettos
der halbversunkene Körnerpark
neobarocke Luftspiegelung
durchweht von Spinnenfäden
denn auch hier ist Herbst

Auf den weißen Bänken ruhen
lächelnd Großstadtkranke
flüstern vom Teer in den Lungen
der aufgedrehten Jukebox-Vögel
die röchelnd Zigarettenkippen picken
Tauben husten Lieder von den Autos
die kilometerweit entfernt
die Sonnenallee bestreichen
mit ihren Auspuffgesängen

NEUKÖLLN V
Herrscher der Welt

Wir wohnen nicht in Frischhalteboxen
wir verstauben in den Schlössern Neuköllns
Die Bomben platzen am Bundeskanzleramt
Unsere Blicke schweifen über die Stadt
in unseren Augen glitzert der Eishimmel
Wir schauen und lachen und rauchen
die eisgekühlten Mentholzigaretten
In den kalten Winterwendenächten
schwebt der neonfarbene Geist Döblins
zwischen den Laserstrahlen des Park-Inn-Hotels
Am Hermannplatz werden Trabanten
in den Himmel geschossen und explodieren
zu retinablendenden Radiosternen
Vom Palastbalkon weichen wir in unseren Salon
und kriechen in die marmorgetäfelte Küche
um uns an die Kühlschranktür zu klammern
Und das Licht im Kühlschrank ist weiß
und der Kühlschrank ist leer
und im Eisfach liegt eine kalte Notiz:
Der neue Markt entwickelt sich gut

Neukölln VI

Mit der Hitze des Sommers bin ich per Sie
Falsche Perlen aus Schweiß im Genick
und im Kopf ein Juligewitter eine
Augustdumpfheit eine Versumpfung

Eine Mineralwasserflasche die letzte Hoffnung
und der Kühlschrank im Herzen brummt laut
Von so vielen halnackten Menschen umzingelt
und die Hunde bleichen am Wildenbruchplatz

Mit dem Sommer bin ich per Sie – es liegen
seine fettigen Pranken auf meinen Schultern
Die Bauarbeiter am Weichselplatz
gehen auf ein Bier in den Landwehrkanal

6. Drei Postkarten

WETTERLEUCHTEN

Die Nacht sank
immer tiefer in die Häuser
sog mit ihrem schwarzen Mund
sich in die Zimmerecke fest
Das Wetterleuchten war noch
in den Himmel eingeritzt
das kalte kahle Leuchten das
über Dachfirste geschossen war
Darüber Kurzschluss-Firmament

Heut Abend drehte sich
die Waschmaschine mit
Die Wasserleitung sang
halb verkatert Trinkerlieder

Heut Abend – in der Küche
stand ich nah beim Fenster
den Himmel an die Augen angeschlossen –
fand ich zum ersten Mal ein Haar von dir
dunkelbraun und etwas wellig
Es war als hättest du mich sachte angetippt
dich zu meinem Ohr gebeugt –
geflüstert hättest du: Ich bin bei dir

für Meike

BLICKE / AUGEN

Wenn das Schwarz der Nacht
in das Weiß des Vogelkreischens
übergeht und die Krähen in den
Bäumen sitzen und die Bäume
kreischen all ihr Grün dem Grau
des Himmels lauthals zu

Wenn die Häuser all die roten
und die gelben mit den Fenstern
und den Nervensträngen in den
Kellern und Synapsen in den
Bäumen die die Blätter beben
lassen und Synapsenfunken
aus den Ästen zu dem Himmel
schießen und am First des Morgens
stehen eine Weile und ertrinken
in dem Dämmer eines Tages
der das Gold und der das Silber
schon vor Jahren abgelegt begraben hat

Wenn die Augen und die Lippen
nichts als deine Haare sehen spüren
nichts als dunkle Haare und die Bilder
in den Büchern nichts als deine Augen
zeigen nichts als deine Augen

Wer will dann noch schlafen gehen
Wer will dann noch Abend sein

für Meike

BAYWATCH

Aus dem Haus hinaus ins Unbehauste
Da zeigt dir Doktor Benn das Gleiten
das Surfen auf den Wellen
den grellen Nihilismus-Wellen
Der Bademeister Friedrich Nietzsche
sitzt am Strand im Wachturm
und folgt dir mit den Fernsehgläsern
Sein Assistent: Marshall McLuhan
der schreit dir zu über die Wellen
dass du ins Flache musst – ins flache
Wasser nicht ins seichte
Und dass der Himmel nur ein Schirm ist
matt und grau
Heidegger liegt am Eiscreme-Stand
und lässt sich weiter bräunen
Hinaus ins Eis ruft Shackleton
von jenseits aller Meere
Hinaus – hinaus ins Unbehauste
Unbekannte gleiten

Meike zum Trost

7. Ma bohème

WÜSTENSÖHNE

Die Dichter nach der Lesung
und vor dem Rock'n'Roll
in einem Bombayrestaurant
Hier tanzt ein Girl aus Kurdistan
und lässt den Bauch rotieren
In den Winkeln ihres Lächelns
klebt ein Tropfen schwarzer Galle
Sie tanzt im Leopardenfell
gekauft im Großkaufhaus
am Hermannplatz
Sie lässt das Becken kreisen:
Hier können Sie Anita Berber
und andre pittoreske Brüste –
Der Tagesspiegel kommt
und ruft »BZ von morgen«
(Der Wüstensand zwischen den Seiten)
Und draußen auf der Straße dann
der Mond hinter dem Regengatter
Geschmack von Winterzigaretten
Und alle Dichter träumen von
den Lippen Emmy Hennings

ORPHELIA

Im Wasser wogt sie hin und her
zwischen den Wasserpflanzen
in die sich rot und blau verfangen
ganz sacht die Plastikfetzen

Ihr Haar ist blond – manchmal auch grau
grau sind die Fernsehschirme unter ihr
die stumm und blind im Schlick versinken

Ganz tief im Innern totgeschauter Röhren
spricht jetzt ein Anchorman von ihr
Im Bluescreen löst sie sich nun auf
Ihr Herz ist eine bleiche Qualle

Medusenhaft fangen die Tentakeln
das Bild das sich auf Wellen bricht:
Der Blaue Himmel aufgespreizt in Todd-AO

Afterhours

Das Nirwana ist doch nur
'ne Chill-Out-Zone
mit leise blubbernder Musik

Die Sterne: Prilblumen
Die Strudel der Galaxien
hergestellt von Moulinex

Und wir sitzen reglos
hinter den Dingen und
schauen uns die Raumpatrouille an

für Monika Rinck

MA BOHÈME

Wir stehen: krumme Leuchtstoffröhren
und flackern unsre Worte
vom Keller in den Speicherraum

Die Worte wiegen schwer in unsren Mündern
mehr Strass- als Wackersteine sind sie leider
Wir tragen Nacht- nicht Abendkleider
Und in den heimlichen Salons vertilgen wir
die Zeilen alter Dichter

Wir sterben nicht
Wir sind fürs Sterben nicht geboren
Wir liegen träge auf den Totenbetten
und schaufeln Trauben in uns rein

Die schlaffen Blütenblätter unsrer Herzen
sind durchsichtig nicht tintenblau

für lauter niemand

In Teufels Küche

Unser Hirn ist angeschlossen
an die Mikrowelle
Der Espressoautomat
empfängt die ganze Nacht
analoge Höllenlieder

Die Zähne klappern
schon seit Stunden
Werbeslogans aus
den blutgefüllten Kneipen
Kein Barkeeper nimmt
unsre müde Order an

Wir tanzen keinen Tango mehr
klassisch nicht und auch nicht grell
sind wir reglos unterm Daumen
der Moderne halb zerquetscht

KAMMERMUSIK – REPRISE

In der Haut: Eisen und Rost
Jede Pore eine Kammer
Von Ost nach West – Von West nach Ost
Die Kugel und der Abschlaghammer
In jeder Pore jeder Kammer
Dunkelheit und Rost

Heitere Stille

Leichte Depression und Magenprobleme
auf dem Weg in die Nacht
Bachblütentinktur und Johanniskrauttee
schieß ich mir in das Gedärm
Nur weiter ihr Herren der Stille
lasst mir die Schweinsohren verzuckern
bildet mir Softeis-Nebel im Mundraum
Alle Wege münden in schwarze Verwesung

KAINSMALFARBE

Ach – die Künstler in den Jahrhunderten
fingerblutend blaublütig gebildet
haben sie die Sonne in das Öl gedrückt
Nichts von ihrem Knochenstaub ist eingerührt
in die Pasten mit denen ich malte

Gelb sind die Finger vom Rauch
braun die Handflächen vom Erdreich
(und im Erdreich ist Auswurf reichlich)
Die Vorstellungskraft getrieben von Reproduktion
Herr Benedikt Taschen verdient meine Achtung
Verächtlich ist mein verfaultes Gebaren
Faul bin ich unter den Großen

8. Soma

ABENDMAHL

Die Amseln singen die
allerneusten Handytöne
Und Schwalben kreisen in dem
blauen Himmels-Drahtverhau
Die Sonne sackt auf Häuser
und in Kinderzimmer rein
wo sie die kleinen Racker brennt
zu Asche in den Kuschelbetten

Mein Kopf ein müdes Ungetüm
das fort will doch nicht kann
Und meine Augen zwei Oblaten
fürs Abendmahl der Sterne

Hinterrücks

Die Haare streichen mein Gesicht
das auf meinem Körper kauert
mit skeptischem Rauch
zwischen den herbstroten Lippen

Den Kanal im Herzen hab ich
noch nicht ausgepumpt
Wie trink ich nur
das ganze Blut aus mir

GRÜNE STUNDE

Ich mag die Farbe des Himmels
das Leben mag ich nicht

Die Augen schalten schnell auf Schwarz
wenn ich nachts nach Hause komme
und du im Schnee der Kacheln
auf dem Küchenboden liegst
Ich liebe deine Haut – den Schweiß
in den Falten deines Bauchs
Das helle Blau in deinen Augen
auch wenn sie grün sind
grün wie Moos grün wie Schimmel
grün wie der abendliche Himmel

Ich liebe die Nacht mit geschlossenen Augen
das Leben liebe ich nicht

ZWISCHENREICH

An den Autobahnen saßen die Eulen
Zwischen den Nebelländern glitten
die riesenhaften Flügel der Windräder
in das weiche Grau der Nebelbänke
die über die Straßengräben drängten

In die Nebelschwaden fuhren wir ein
im japanischen Wagen eines Toten
dessen Wohnung langsam auskühlte
nahe der Stadt Castrop-Rauxel

Als wir ankamen hatte die Stadt sich
in ihr bestes Rupfenkleid geworfen
und empfing uns mit einer Symphonie
aus blauweiß beleuchteten Gyros-Buden

In der Wohnung des Toten war niemand
nur die Familie stand im diffusen Licht
der Deckenlampen und las versunken
was auf den Rücken der Bücher stand
vermaß dann die Länge der Schränke
die Länge der Bänke der Kisten
Der Teppich war weich und weiß und kalt

für Henning Frederichs, 1936–2003

CHROMSTERNE

Das blaue Sternenzelt ist nur
die Jeansjacke der Mutter Nacht
die sich auf das Motorrad schwingt
die Nietenhose um die breiten Hüften
Sie fährt zum Sternbild *Autobahn*
Quasare und Pulsare qualmen dann
aus ihrem schwer verchromten Auspuff

Die Männer auf dem Erdengrund
ziehn ziellos durch die Nacht
und ihrer Augen Neonglanz
blinkt Botschaften ins All
Sie kommen aus der Zeit
als sich die Nacht noch reimte
auf ein Wort das sie vergessen haben

Die Sternenschiffe halten nicht
in ihren Häfen
Die Männer stehen in der Nacht
und können die Farbe nicht verstehen:
das dunkle dunkle Blau

SOMA

Schwerschlaf-Saat
in den Augennäpfen
Schlafpulver gemischt mit
Schwermut und vor den
Fenstern drängt der Himmel
– geschmolzenes Zinn –
an die Baumkronen die
gespickt sind mit schock
gefrosteten Singvögeln
Die Nacht ist noch weit
draußen am Weltrand
der Nachmittag bringt
schon gänzlichen Schlaf

In der Nacht dann
aufgerissene Augen
Vor die Augen gestellt
verschwommene Bilder
Schwimmen in Bildern will
zinnschwer ich mit blauen
Sonnengläsern und grüner
Augenfarbe und Glanz
in den Kammern des Körpers
Der Himmel darüber
eingedickt und eingedunkelt
ausgemangelt: blaues Tuch
über den Kieseln der Stadt

So viel Schlaf – So wenig Koma
am rundgeschliffenen Rand
meiner kratzigen Tage

Die alten Dinge

Das Sirren des Tages gefangen
zwischen den Flügeln
der Doppelglasfenster
Draußen schwirren die Flieger
zum Flughafen
jenseits der Badeanstalt
die kühl gekachelt ist und eingesackt
in die von allen Himmelsrichtungen
herangeschobene Nacht

Im Becken treiben
die Zuckerschatten des Tages
die sich langsam mit
den Wassermolekülen verbinden
Ein klebriger Traum ist die Stadt
unter Wasser sieht man sie kaum

LUFTRAUM

Rotweintrüb und Kunststoffblau
die Nacht im Luftraum
Dahinter Hintergrund und Rauschen

Was dreht sich um mein Herz?
Wenn es nicht Schmerz ist
ist es dann nichts als Tetanus
und Thanatos und Text?

EMIGRANTEN

In sterbender Sprache
seine Worte zu garen
Kalkweiß die Buchen
stäbe befreit von der Rinde
kalkweiß in Angst gesotten
(German angst they say)
Ganz sterblich die Sprache
Gänseblümchen geknickt
unter dem Schnattern der Welt
(Und wer da noch Worte hat
so weiß und milchig
wie Gansblume / Rainfarn)
In sterbender Sprache
Gedanken blanchieren
(Linguistisches Kochbuch
Die Federn gerupft aus
dem weißen Kapaun
kastriert der Textkörper)
Dass nur noch blüht
sprudelndes Englisch
Und kein Senatsbeschluss stimmt
für den Emigrantenbelang

9. Rauch

NÄGEL

Winter Wüste
am Glastisch
Die Kälte
und Eisen
im Nagelbett
Nägel
Der Essig
im Mund
Vater
Du hast mich
verlassen
im Weiß

STERN / STARREN / STAR

Wenn der schmale Rest der Sonne
draußen an den Dächern flackert

Dann ist es Zeit sich hinzuknien
und den Bäumen in den fernen
Ländern meinen Dank zu sprechen
und den Blumen in den Kellern

Wenn es Nacht wird über meinem Kopf
und die Augen Sterne starren

Ist es Zeit die Schrift zu lesen
aber alle Seiten leer
kein Licht scheint dort
kein Licht scheint dort zu sein

Finis terra

Ballung Kreuzung Kreuzzug Weg
Am Fenster Finestra Finstern
Ein Flüstern von Wegen zu gehen
Bis du kommst an ein Stern
der heißt Finstern

Brennglas

Über uns hängen die
Engel aus Plastik – oben
am Himmel festgesaugt
Wir unten sind Tiere
Unter uns die Welt aus Gold:
Katzengold zwar aber glänzend

Pupille

Der schwarze Himmel über mir
das Zentrum eines Lochs
Ein abgezirkeltes Stück Nacht
im Zentrum deiner Augen
Ein abgezirkeltes Stück von mir
im Zentrum deiner Nacht

OPERETTE

Und wenn du liegst
auf deinem Totenbett
und alle Menschen um dich
werden dir zu Feinden
Denn sie stehen noch im Leben
und dich umfasst
vom Rücken her
am Brustkasten entlang
bis unter deine Rippen
die Unbegreiflichkeit
Und deine Augen sehen alles
Nur deine Finger rühren sich
um keinen Fingerbreit

10. Nervenwald

STEPPE

Regen regt sich
in meinem Kopf
wächst Moos
dachte ich vom
Wasser durchtränkt
Und doch
Steppe war da
Die Gedanken
Distelkraut

Aussicht

In die Wälder gehen
sich verirren
dort bleiben
primitiv werden

Inhalt

1. Fernschreiber
Lichtbilder · 7
Schnappschuss · 8
Piraten · 9
Fieber · 10
Tulpen und Aseptikum · 11

2. Albdruckschrift
Krankheit · 15
Albdruck · 16
Volkslied · 17
Breakdance · 18
In der Grube · 19

3. Sommerbrand
Brandung · 23
Morgenandacht · 24
Feldweg · 25
Regloses Warten · 26
Silber · 27

4. Kältekammer
Dunst & Glast · 31
Eiskristalle · 32
Zwölf schwarze Faden tief · 33
All hollows eve · 34
Frost I · 35
Frost II · 36
Frost III · 37
Gefrorenes Wasser · 38

5. Nachtjackenviertel
Neukölln I · 41
Neukölln II · 42
Neukölln III · 43
Neukölln IV · 44

Neukölln V · 45
Neukölln VI · 46

6. DREI POSTKARTEN

Wetterleuchten · 49
Blicke / Augen · 50
Baywatch · 51

7. MA BOHÈME

Wüstensöhne · 55
Orphelia · 56
Afterhours · 57
Ma bohème · 58
In Teufels Küche · 59
Kammermusik – Reprise · 60
Heitere Stille · 61
Kainsmalfarbe · 62

8. SOMA

Abendmahl · 65
Hinterrücks · 66
Grüne Stunde · 67
Zwischenreich · 68
Chromsterne · 69
Soma · 70
Die alten Dinge · 71
Luftraum · 72
Emigranten · 73

9. RAUCH

Nägel · 77
Stern / Starren / Star · 78
Finis terra · 79
Brennglas · 80
Pupille · 81
Operette · 82

10. NERVENWALD

Steppe · 85
Aussicht · 86